MÉTHODE DE LECTURE

PAR

Mlle COLDRE

GEVREY

(Côte-d'Or)

En route pour l'École

Dijon, imp. Berthoud.

TOUS DROITS RÉSERVÉS

MÉTHODE DE LECTURE

par Melle Coldre, institutrice

Gevrey-Chambertin, le 19 Novembre 1897.

PRÉFACE

AUX MÈRES,

AUX INSTITUTEURS ET INSTITUTRICES CHARGÉS DES ENFANTS DE 4 à 7 ANS,

Ce petit livre a été écrit dans le triple but de faciliter aux enfants l'étude simultanée de la lecture, de l'écriture et de l'orthographe, puis de leur inspirer, par les gravures qu'il renferme, l'amour de la patrie, de la famille et la compassion pour les malheureux.

Dès la première page, vous vous trouvez en présence d'un alphabet où, à part les voyelles et contrairement à l'ancienne routine, se trouvent graduellement placées les lettres les plus faciles à tracer et à retenir. Ce procédé est excellent pour graver dans la mémoire des tout jeunes enfants le nom et la forme de la lettre. L'enfant ne devant, selon moi, rien lire qu'il ne puisse écrire et réciproquement, le même procédé est suivi dans tout l'ouvrage et selon l'ordre indiqué dans le tableau récapitulatif.

Je veux vous soumettre deux procédés : un d'encouragement et de recréation pour l'enfant; l'autre de réussite et par conséquent de consolation pour le Maitre.

1er Procédé: Prenez chez M. REY, libraire, 26, rue de la Liberté, Dijon, les lettres détachées qu'il a eu la bonne pensée de faire imprimer sur carton solide, découpez ces lettres, placez trois jeux d'alphabet dans un petit sac, remettez-en un à chacun de vos élèves et vous, au tableau noir, tracez la lettre ou l'élément que vous avez dessein d'enseigner. Possesseurs de leurs trois alphabets, les enfants reconstitueront devant eux le modèle exécuté au tableau, puis ils le reproduiront sur l'ardoise ou le cahier. — *Conclusion* : joie, intérêt, attention des élèves. — Discipline en bonne voie.

2º Procédé : Toujours pour rompre la monotonie, lorsque vous tracez un modèle, employez de la craie de deux couleurs : blanche et rouge. Prenez la blanche pour les lettres ou éléments connus, gardez la rouge pour la lettre ou l'élément nouveau ; puis exigez des enfants qu'ils soulignent d'un trait la lettre ou l'élément à l'étude.

1ᵉʳ **Exemple** : Modèle du maitre - T t *t* – *t*ête, *t*isane, lo*t*o, etc.

Reproduction de l'élève - T t *t* – *t*ête, *t*isane, lo*t*o, etc.

2ᵉ **Exemple** : *e*au – bateau, chapeau, manteau, etc.

*e*au – bateau, chapeau, manteau, etc.

Conclusion. — Par la vue, le son, l'enfant grave mieux l'élément dans son esprit, l'étude lui devient plus fructueuse, d'où l'encouragement du Maitre.

Mères de famille dévouées et Chers Collègues, je termine en faisant des vœux ardents pour que nous réussissions le plus vite possible dans notre tâche si délicate d'apprendre à lire ; et, si j'ai pu, par mon modeste travail, contribuer à vous aider un peu, je serai assez récompensée de mes efforts.

Votre toute dévouée,

E. COLDRE,

Institutrice.

MÉTHODE DE LECTURE

PAR

Mlle COLDRE

GEVREY (Côte-d'Or)

TOUS DROITS RÉSERVÉS

A *A*	E *E*	I *I*	J *J*	O *O*	U *U*		
a *a*	e *e*	i *i*	o *o*	u *u*			
T *T*	Y *Y*	N *N*	M *M*				
t *t*	y *y*	n *n*	m *m*				
P *P*	V *V*	R *R*	C *C*				
p *p*	v *v*	r *r*	c *c*				

Print	Cursive	Print	Cursive	Print	Cursive	Print	Cursive
D	*D*	S	*S*	X	*X*	L	*L*
d	*d*	s	*s*	x	*x*	l	*l*
B	*B*	H	*H*	K	*K*	Q	*Q*
b	*b*	h	*h*	k	*k*	q	*q*
J	*J*	G	*G*	Z	*Z*	F	*F*
j	*j*	g	*g*	z	*z*	f	*f*
		W	*W*	w	*w*		

TABLEAU RÉCAPITULATIF

a *a* e *e* i *i* o *o* u *u* y *y* é è ê

t	t	ta	te	ti	to	tu	*h*	h	ha	he	hi	ho	hu
n	n	na	ne	ni	no	nu	*k*	k	ka	ke	ki	ko	ku
m	m	ma	me	mi	mo	mu	*q*	q	qua	que	quo		
p	p	pa	pe	pi	po	pu	*j*	j	ja	je	ji	jo	ju
v	v	va	ve	vi	vo	vu	*g*	g	ga	..	..	go	gu
r	r	ra	re	ri	ro	ru	*z*	z	za	ze	zi	zo	zu
c	c	ca	..	..	co	cu	*f*	f	fa	fe	fi	fo	fu
d	d	da	de	di	do	du	*y*	y	ya	ye	yi	yo	yu
s	s	sa	se	si	so	su							
x	x	xa	xe	xi	xo	xu							
l	l	la	le	li	lo	lu							
b	b	ba	be	bi	bo	bu							

cr - vr - tr - pr - br - dr
gr - fr - cl - pl - bl - gl - fl
les - des - mes - tes - ses

TABLEAU RÉCAPITULATIF

ap	ep	ip	op	up
av	ev	iv	ov	uv
ar	er	ir	or	ur
ac	ec	ic	oc	uc
ad	ed	id	od	ud
as	es	is	os	us
ax	ex	ix	ox	ux
al	el	il	ol	ul
ab	eb	ib	ob	ub
ag	eg	ig	og	ug
az	ez	iz	oz	uz
af	ef	if	of	uf

on - om - en - em - an

am - un - um - in - im

oi - oy - ai - ay - ei - ey

ou - au - eau - eu - œu

oin - ein - ain - aim - sc

st - sp - scr - str - ço

ça - çu - ce - ci - cy - ge

gi - gy - ail - aill - eil

eill - ueil - euil - œil

ouill - ill - uil - oï - aï

uï - uë - aü - ien - ia

io - ié - ui.

s - z - y - t - s

1ᵉʳ TABLEAU

la tête, la tisane, la tulipe, le loto, le tapis, la nature, le navire, le numéro, ninie sera polie, la cabane, la lune, la mère, la malade, la morale, la matinée, le modèle, le café moka, le macaroni, le matelas, le matelot, la mesure, la marine, le papa, la pipe, le père, la parole, le pavé, la pâture, la pelote, la panade, la petite, la parade, le pilote, le pâté, la vanité, la vérité, le vote, la visite, le vase, le volume, la robe, le remède, la rigole, la rivière, le repos, le rôti, le rêve, la ride, la rade, la carafe, la cavale, le casino, la capote, la cabine, la camisole, la côte, le cacao, le calorifère, le calicot, la calotte, le camarade, la culotte, le café, la cave, la cuve, la carabine, la colère, le cube, le dodo, le dada, la dorure, le domino, le dîner, la dame, la divinité, le légume, la gale, la figure, le zèle, le zéro, la zone, la fée, la filature, la fumée, la folie, la fête, le fagot, la fécule, l'âne, l'amazone, l'âme, l'are, l'amabilité, l'abîme, l'anémone, l'amitié, l'ami, l'écurie, l'égalité, l'épine, l'élu, l'épi, l'élève, l'ébène, l'école, l'étude, l'écume, l'idiot, l'idée, la salade, la solidité, le site,

1er TABLEAU (suite)

le sabot, la savate, la série, la solitude, la sévérité, la sève, la sérénité, la lumière, le lavabo, le lit, la lime, la lyre, la lave, la lame, la limonade, la lune, le bébé, la balle, la bobine, la bête, la butte, la robe, l'hôte, l'humanité, l'habit, l'habitude, le haricot, le képi, le kilo, la jatte, la jupe, la javeline, la jetée, la jujube, la gare, la gaze, la galerie,

MORALE

Lave ta figure ; obéis à ta mère ; évite la colère ; dis la vérité.

2ᵉᵐᵉ TABELAU

br. cr. dr. fr. gr. pr. tr. vr. bl. fl. cl. gl. pl.

le bras, la bride, la brûlure, la crasse, la créature, le cri, la crême, l'écriture, le crâne, le crime, la crête, le cratère, la cravate, la crudité, la sobriété, la broderie, le drap, le drame, le drôle, la frugalité, la frivolité, le frère, le nègre, la gravure, le progrès, la gratitude, le prix, le problème, la reprise, la promenade, la propreté, la prune, le pré, le trône, l'être suprême, le mètre du papa, la prière, le trapèze, le pâtre, le plâtre, le trèfle, la fenêtre, le litre, le lièvre, le livre, la table, le blé, la fable, l'étable, le sable, la flûte, la flèche, la classe, le climat, le clos, la règle, le globe, la glissade, la glu, la planète, le pli, la plume, le zèbre, le siècle, la trève, la grive, le gramme.

MORALE

Une bonne écolière lit, écrit, tricote à l'école ; revenue, elle ne flane pas ; elle brosse, frotte, met la table, la débarrasse. Vive la bonne écolière, future petite mère.

AMOUR FRATERNEL

*Pour aller à l'école, je veux que petite sœur
Possède toilette propre et noble petit cœur.*

DE VOTRE PÈRE, SOYEZ FIERS !

Allons, de bons baisers, mes bien aimés,
Et mon courage sera récompensé.

3ᵉ TABLEAU

les   des   mes   tes   ses   et   est   ez

ab	eb	ib	ob	ub	af	ef	if	of	uf	as	es	is	os	us
ac	ec	ic	oc	uc	ag	eg	ig	og	ug	at	et	it	ot	ut
ad	ed	id	od	ud	al	el	il	ol	ul	ax	ex	ix	ox	ux
ap	ep	ip	op	up	ar	er	ir	or	ur	az	ez	iz	oz	uz

l'obscurité, le réverbère, la paresse, le salsifis, la solde, le total, l'uniforme, la récolte, la luzerne, la fortune, l'acte, l'artiste, l'assiette, le rappel, l'hôtel, le castel, le canif, le mastic, les castors, les vers, la vertu, la secte, le lard, le décor, les lézards, la myrte, la syllabe, la forme, l'octave, la valse, l'oculiste, le parasol, le colonel, une tarte, la caserne, la barbe, la corne, le bal, le renard, le bec, l'or, l'os, le sel, les bretelles, l'avenir, les alpes, l'amiral.

Le mur est solide. Le canal est à côté de la rivière : la rivière ne débordera plus. Le roc est dur.

3ᵉ TABLEAU (suite)

Le fil est tordu. La fraternité est une vertu. Le sol est humide. Le bol est cassé. Le col a été passé. Le fanal est allumé. Le futur de Marie est mort. La cascade est belle. La pierre sera brisée La cataracte est une maladie de la vue. La carpe est frite. La carte de la Côte-d'Or. Une tartine de marmelade de pommes. Le caporal Denis a été décoré. Le cap a été évité. Une motte est une petite masse de terre. La ferme est très propre. La nappe est lavée. La natte est tressée. Jules a martelé le métal. Les bottes de papa. Les pattes du mimi. La butte est gardée La dot est versée. Le soldat a le sac sur le dos. Le soc est cassé. La vis est tordue. Le motif est nul. La morsure de l'aspic est mortelle. Le fer est gris. L'armée va partir. Carnot est actif. Dagobert est fier. L'alcôve est fermée. Julie a été adoptée. Pierre est bavard. L'ébéniste a collé le cadre. Le soldat qui déserte sera désarmé. La crête du coq est écarlate. La facture est portée.

3e TABLEAU (suite)

Le Nil fertilise les terres d'Afrique. L'hiver est triste. L'herbe est verte. Bébé est imitatif. Le naturaliste étudie la nature. Robert est matinal. Albert est modeste. Aline est modiste. L'ortie pique. Le fusil est à l'arsenal. L'octogone est une figure de huit côtés. Les arcades de la rue de Rivoli. Le bazar est fermé. Médor exécute des culbutes et des zigzags. Les jolis costumes de la cavalcade. Le canard barbote.

MORALE

Bébé se lève et dit : salut papa, salut petite mère. Bébé lave sa figure ; il est propre, poli, il dit la vérité, il a le caractère égal : bébé est adorable.

L'homme patriote écrit les mots : liberté, égalité, fraternité, puis il les met en pratique.

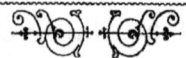

4ᵉ TABLEAU

on om an am en em in im um

le lapin, le pantalon, le veston, l'amande, la viande, un tampon, le dindon, la dinde, la danse, le ruban, le merlan, le jardin, le matin, le marin, le jupon, le cordon, le mouton, un piston, une lampe, une rampe, un conte, la pompe, les tempes, la tempête, les pompons de la capeline, le hangar, la permission, le gazon, les dents, la récompense, la colombe, le vagabond, l'encre, le monde, le sapin, les bonbons, le torrent, l'étang, les ongles, la bombe, le temple, le carton, le printemps, le melon, le volcan, l'ânon, l'hirondelle, la volonté, le coton, la timbale. Le soldat plante sa tente afin de se garantir du vent. La tringle est en fer. Le timbre est sur la lettre. En novembre, le temps est sombre. Mon oncle et ma tante sont en bonne santé. Le violon du fripon sera vendu à Martin. Les conscrits ont tiré au sort; ils seront soldats afin de défendre la patrie : Valentin et Justin seront dans l'armée de mer; Clément et Antonin dans l'armée de terre. Le jasmin est une plante d'agrément.

4e TABLEAU (suite)

MORALE

Un enfant désobéissant, impertinent, insolent, impoli, mal élevé, est détesté : la honte couvre son front ; l'enfant obéissant est estimé, il donne le bon exemple, ses parents sont fiers de lui, il est content de lui-même.

Le vagabond sort sans permission, monte sur un navire, arrive dans une contrée inconnue ; là, le volcan fume, la terre est inculte ! alors il regrette sa tendre mère, il l'appelle ! vains regrets, le désobéissant est puni, la mort va venir et il se désole.

Enfant, le guide le plus sûr est ta mère ! pense à elle et à sa tendresse quand tu es tenté d'accomplir le mal et immédiatement ta volonté s'inclinant te conduira dans le bon chemin.

5ᵉ TABLEAU

ph ch gn gu qu

la biche, le phare, le paraphe, la phase, le chêne, la montagne, le choc, l'arche, le châle, la roche, la vigne, l'orgue, la guérite, la pique, la quête, la pêche, le bagne, le chardon, la dignité, la guêpe, la quinine, le gui, la chanson, le compagnon, le coq, la barque, la qualité, la fabrique, le gué, la figue, la langue, le guide, le phosphore, le char, le saphir, le chat, le chef, le chemin, le mouchoir, la poche, le lâche, le châtiment, le château, la chambre, la branche, l'aqueduc, le hochet, la marchande, la bûche, le bûcheron, le cheval, le polichinel, le comique, la baraque, l'amérique, l'afrique, l'orthographe, l'équité, la musique, la chute, l'orphelin, la tâche, la porte cochère, le domestique, la crèche, la chènevière, la chemise, la fatigue, le charme, le rossignol, le chant, la phrase, la brochure du livre est magnifique ; la robe est charmante, la bibliothèque est riche ; le méchant est triste ; la planche, l'ivrogne, la chose, le vigneron, la bêche, les échalas, la charrue, le chariot, le charron, la charrette,

5ᵉ TABLEAU (suite)

le maréchal, la porcherie, le marché, la ruche, les champignons, la charcuterie, la charité, la brioche, la chasse, la cheminée, la vache.

MORALE

L'enfant poli ! Qu'il est charmant : chez ses parents, chez les amis, il parle modestement, il salue poliment ; le monde dit de lui : il mérite la tendresse de ses parents, donnons-lui la nôtre.

6ᵉ TABLEAU

oi oy ai ei ay ey ou au eau eu œu l

l'étoile, la loi, le voile, la poire, l'armoire, la boîte, la toison, l'avoine, la moitié, le roi, la pivoine, la soie, la toile, la toiture, l'emploi, l'octroi, l'effroi, le chamois, le mois, la voiture, la moisson, le poisson, la droite, la toison du mouton, le boyau, la plaine, le maire, le balai, la fontaine, le salaire, la chaîne, l'aide, la raison, le maître, la maîtresse, la semaine, le domaine, le capitaine, le raisin, la laine, la veine, le seigle, la peine, la reine, la chaise, l'enseignement, la plaine le cou, le mou, le sou, le fou, la boule, la route, le sourire, le moule, l'étoupe, le bouton, le caoutchouc, la roue, la joue, la proue, le coude, la voûte, la boule, le bijou la couture, la soupe, la poule, la mémoire, la mâchoire, le couteau, la louve, le moulin, la bouche, le clou, le bouchon, le joujou, la couverture, le goujon est un petit poisson, la poudre, le doute, le glouton, la faute, le préau, la fraude, le veau, le chapeau le bandeau, le drapeau, l'autorité, l'aubaine, l'oubli, la mouche, le moineau, le couteau, le tombereau, le troupeau,

MA DEVISE :

A mes Parents, j'obéirai.
De tout mon cœur, je travaillerai.
Ma noble France, je servirai.
Aux Malheureux, je donnerai.

*Ne laissez pas ainsi couler ses jeunes larmes,
De la main qu'elle vous tend, n'éloignez pas la main :*

Donnez un peu de pain pour apaiser sa faim.

6ᵉ TABLEAU (suite)

le taureau, le saumon, le saule, le gâteau, le château, la taupe, l'eau, le bateau, la peau, le rideau, le tombeau, le fourneau, le beau, le flambeau, le bouleau, l'oiseau, le vaisseau, le pruneau, le ruisseau, la gauche, le coteau, la fauchaison, le feu, le jeudi, le neveu, la meule, l'aveu, la demeure, l'heure, le vœu, l'œuvre, le nœud, le peuple, le jeûne, le jeu. Au moulin, la meule écrase le grain qui donne la farine pour la nourriture de tout le monde. Les sept jours de la semaine sont : lundi, mardi, mercredi, jeudi, vendredi, samedi, dimanche, et chaque jour bébé fait sa prière.

MORALE

Voulez-vous être heureux ? Vivre en paix ? Travaillez pour occuper votre esprit ; gagnez assez pour donner aux malheureux mais pas assez pour faire envie.

7ᵉ TABLEAU

oir   air   our   eur   œur   euf   œuf   eul

le soir, l'espoir, le tiroir, le devoir, le bonsoir, le savoir, le pouvoir, le miroir, le mouchoir, le noir, l'air, l'éclair, la course, le tambour, le bonjour, l'ourlet, le vautour, la tour, la cour, le four, le jour, l'amour, le journal, le carrefour, le sournois, le discours, l'étourdi, la fourche, la journée, le retour, la fourchette, le ramoneur, le supérieur, l'inférieur, l'honneur, l'acteur, le facteur, le docteur, la vapeur, la fureur, le laboureur, le voleur, la peur, le colporteur, le tourneur, le bonheur, le rédacteur, le menteur, le moniteur, la grandeur, la fleur, la douleur, le labeur, le chasseur, l'inspecteur, l'électeur, l'odeur, l'ardeur, la fraîcheur, la chaleur, le faucheur, le moissonneur, le glaneur, le faneur, le promeneur, le cultivateur, la couleur, le crieur, l'entrepreneur, le déserteur, le boudeur, le cœur, la sœur, le chœur de chant, les mœurs, mon habit est neuf, l'épagneul, l'œuf, le bœuf.

7ᵉ TABLEAU (suite)
MORALE
LE DRAPEAU

Autour du drapeau de la patrie, serrons nos rangs ; qu'à sa vue nos cœurs oublient haines, rancunes ; que toutes les mains se tendent, se serrent ; que tous les cœurs se fondent en un seul assez grand, assez fort, assez noble pour que notre patrie soit reconnue reine du monde.

8ᵉ TABLEAU

oin   ain   aim   ein

la pointe, le foin, le coin, le soin, le point, le joint, le moins, le lointain, le besoin, le témoin, le pain, le vilain, l'étain, l'écrivain, la main, le refrain, la complainte, le prochain, la plainte, demain, le train, le bain, le grain, le nain, le lendemain, le sainfoin, le gain, la crainte, soudain, la contrainte, le poulain, la faim, le daim, le peintre, le frein, la teinture, le sein.

MORALE

Ne remets pas à demain la chose que tu peux faire aujourd'hui. Demain ! c'est peut-être un ami que tu ne dois plus revoir.

9ᵉ TABLEAU

ço ça çu ce ci cy ge gi gy

la cage, l'acacia, la leçon, le garçon, le français, le maçon, la capacité, la face, le gage, la loge, le cigare, l'orge, le page, la rage, le bocage, le caprice, la cigale, le cirage, la giberne, le jardinage, le tapage, le logis, le logement, le concierge, le cierge, la glace, l'orage, le linge, l'image, le berceau, la bougie, le cerceau, le courage, la douceur, le laitage, la neige, l'ouvrage, le sauvage, l'horloge, le forgeron, la force, le bourgeon, l'argent, l'écorce, l'intelligence, l'écervelé, l'édifice, l'équipage, le fermage, la férocité, la gelée, l'héritage, la race, la limace, la médecine, le médecin, la nacelle, le partage, la racine, le récit, le refuge, la férocité, l'argile, la ceinture, le numéro cinq, la scie, la pièce, le souci, la conscience, la docilité, la nièce, la déférence, la persévérance, l'aisance, l'accident, la source, le cygne, le cylindre, le juge, la tige, le déluge, l'orange, le genou, le losange, la lance, le fromage, le congé, le cèdre, la place, décembre, les balances, le gilet, le berger, le forgeron, le sage, le citron,

9ᵉ TABLEAU (suite)

la gorge, ceci, ici, l'ange, le gypse, la leçon, la confiance, le silence, le geai, le cerf, le décès, le succès, le procès, le gîte, la menace, les cendres, le gendarme, la mercerie, la trace, le village, la vendange, le rouge, le civil, le potage, le sacrifice, le concert, le soulagement, la souffrance, le pouce, le général, la cire, la cime, le langage, le mensonge, la sincérité, la légèreté, le ciel, les cieux

MORALE
FRÈRES ET SŒURS

Que vous êtes heureux aux genoux de vos mères,
Vous qui vous appuyez sur des sœurs ou des frères,
Et qui sauvés d'un choix qui veut tant de raison
Rencontrez l'amitié sans quitter la maison !
Frère, sœur ! on croit voir deux roses sur la branche.
Quatre ailes s'agiter sous la colombe blanche !
Oh ! ces noms, ces doux noms et de frère et de sœur,
On ne les apprend pas, ils nous viennent du cœur.
Violeau.

Petits enfants, pour goûter le bonheur, aimez toujours et vos frères et vos sœurs.

10ᵉ TABLEAU

ail aill eil eill euil ueil œil ouil ill uill

oï aï uï uë aü

le corail, l'émail, la paille, la taille, le portail, l'épouvantail, la mitraille, le bail, le travail, le soupirail, la bataille, la caille, le détail, la volaille, les haillons, le travailleur, le tailleur, le bataillon, la futaille, la maille, le conseil, l'appareil, la faillite, le vermeil, le réveil, le soleil, la treille, l'oreille, l'orteil, l'éveil, l'abeille, la groseille, l'oseille, la veilleuse, la bouteille, la merveille, le deuil, le fauteuil, le seuil, l'écureuil, l'orgueil. le bouvreuil, le cercueil, le cerfeuil, le feuillage, le recueil le tilleul, le filleul, l'œil, l'œillet, le vieillard, le bouillon, la bouillie, la bouillotte, le bouilli, la bouilloire, le barbouilleur, le travailleur, la houille, la semouille, la quille, la fille, la fillette, la charmille, le carillon, la gobille, la chenille, le grillon, le papillon, le tourbillon, la béquille, la famille, la charmille, la vanille, la grille, le sillon, le pillage, la cuillère, le cuilleron, l'aiguille,

10ᵉ TABLEAU (suite)

l'échantillon, la grenouille, la ciguë, l'héroïne, le noël, la naïade, la mosaïque, le laïque, le sinaï, la naïveté, l'aïeul, l'égoïste, la coïncidence, le maïs, la faïence, Anaïs, Gaëtan.

CONSEILS

Enfant, si tu veux que tous les bras se tendent vers toi, travaille et sois joyeux : ton bon sourire épanouira les cœurs. Ne fais jamais le mal, la paix de ton âme se reflètera sur ton visage et l'embellira. Sois bon, la bonté contient les autres choses. Si de bonnes actions ta vie est remplie, doux sera ton sommeil et bienheureuse sera ta destinée.

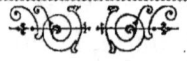

11e TABLEAU

IRRÉGULARITÉS

er	chanter, aimer, danser, etc.
ien	bien, tien, sien, soutien, chien, rien, ancien.
y	pays, paysan, moyen, crayon, paysage, employer, payer,
»	monnayer, noyer, tuyau, payen, mitoyen, doyen, rayon,
»	citoyen, noyaux, etc.
t=s	notion, ambition, action, portion, patience, nation, martial,
»	proportion, consolation, instruction, correction, explication,
»	révolution, pétition, population, etc.
s=z	rose, chose, désir, ruse, chose, misère, maison, raisin, musique, liseron, chaise, vase, asile, etc.
sons composés	Dieu, lieu, lion, pion, camion, occasion, poussière, miette, luire, suave, ruade, étui, laitière, piano, moitié, bière, violon, etc.
lettres redoublées	flamme, homme, gamme, somme, pomme, sel gemme, gramme, canne, bonne, tonnerre, année, tonne, etc.

AIMEZ VOS PARENTS

Des soins que vos parents vous donnent chaque jour,
Que votre attachement soit une récompense.
Qu'ils doivent vos efforts et votre obéissance
Moins aux lois du devoir qu'à celles de l'amour.

Que vous devez aimer cette maman si chère,
Qui souffrit tant pour vous, qui vous rend tant de soins,
Et qui prévoit si bien vos peines, vos besoins,
Est-il assez d'amour pour payer une mère ?

Enfants, quelque irrité que vous paraisse un père,
Croyez qu'il est toujours votre ami le plus doux.
Son cœur en vous montrant un courroux nécessaire,
Le fait pour votre bien et souffre plus que vous.

L'enfant le plus à plaindre est un enfant gâté
Qu'on n'ose corriger ni punir dans l'enfance
Désirez, croyez-moi, notre sévérité :
Vous nous reprocheriez un jour notre indulgence.

X.

LA GUENON, LE SINGE ET LA NOIX

Une jeune guenon cueillit
Une noix, dans sa coque verte ;
Elle y porte la dent, fait la grimace. « Ah ! certe,
Dit-elle, ma mère mentit
Quand elle m'assura que les noix étaient bonnes !
Puis, croyez aux discours de ces vieilles personnes
Qui trompent la jeunesse ! Au diable soit le fruit ! »
Elle jette la noix. Un singe la ramasse,
Vite entre deux cailloux la casse,
L'épluche, la mange et lui dit :
« Votre mère eut raison, ma mie,
Les noix ont fort bon goût, mais il faut les ouvrir.
Souvenez-vous que, dans la vie,
Sans un peu de travail on n'a point de plaisir.

Florian.

LA CIGALE & LA FOURMI

La cigale ayant chanté
Tout l'été,
Se trouva fort dépourvue
Quand la bise fut venue :
Pas un seul petit morceau
De mouche ou de vermisseau !
Elle alla crier famine
Chez la fourmi sa voisine
La priant de lui prêter
Quelque grain pour subsister
Jusqu'à la saison nouvelle.
« Je vous payerai, lui dit-elle,
Avant l'août, foi d'animal !
Intérêt et principal. »
La fourmi n'est pas prêteuse
C'est là son moindre défaut.
« Que faisiez-vous au temps chaud ?
Dit-elle à cette emprunteuse.

— Nuit et jour à tout venant
Je chantais ne vous déplaise !
— Vous chantiez ?... J'en suis fort aise :
Eh bien ! dansez maintenant ! »

La Fontaine.

LA ROSE ET LE MELON

« Comment se fait-il, ma voisine,
Disait à la rose un melon,
Tandis qu'on vous met au salon
Que l'on me porte à la cuisine !
Mon corps n'est pas aérien
Mais il est bon à quelque chose
Je sers, vous ne servez à rien.
— Je charme, répondit la rose. »
L'un et l'autre, le fruit et la fleur ont raison,
La fleur d'être charmante et le fruit d'être bon.
Etre aimable, charmer, ce n'est pas si facile.
Quand on se fait aimer, on n'est pas inutile.

L. Ratisbonne.
Comédie enfantine (J. Hetzel)

LE PETIT SOLDAT

Toi qui, de si leste façon
Mets ton fusil de bois en joue,
Un jour tu feras tout de bon
Ce dur métier que l'enfant joue.

Il te faudra courir sac au dos,
Porter plus lourd que ces gros livres,
Faire étape avec des fardeaux,
Cent cartouches, trois jours de vivres.

Soleils d'été, brises d'hiver,
Mordront sur cette peau vermeille,
Les balles de plomb et de fer
Te siffleront à chaque oreille.

Tu seras soldat, cher petit !
Tu sais, mon enfant, si je t'aime !
Mais ton père t'en avertit,
C'est lui qui t'armera lui-même !

Quand le tambour battra demain,
Que ton âme soit aguerrie ;
Car j'irai t'offrir de ma main
A notre mère, la Patrie !

Tu vis dans toutes les douceurs
Tu connais les amours sincères
Tu chéris tendrement tes sœurs
Ton père et ta mère, et tes frères :

Sois fils et frère jusqu'au bout ;
Sois ma joie et mon espérance ;
Mais souviens-toi bien qu'avant tout,
Mon fils, il faut aimer la France.

V. DE LA PRADE

CONSEILS
Enfant, sois convaincu de cette vérité,
Que dans la vertu seule est la félicité ;
N'attache point au rang la honte ni l'honneur ;
Fais toujours ton devoir : c'est la seule grandeur.

X.

TABLE DES MATIÈRES

1ᵉʳ Livre de Lecture	1
Alphabet	2 et 3
Tableau récapitulatif	4 et 5
1ᵉʳ Tableau suivi d'une morale	6 et 7
2ᵉ Tableau suivi d'une morale	8
3ᵉ Tableau suivi d'une morale	9, 10 et 11
4ᵉ Tableau suivi d'une morale	12 et 13
5ᵉ Tableau suivi d'une morale	14 et 15
6ᵉ Tableau suivi d'une morale	16 et 17
7ᵉ Tableau suivi d'une morale	18 et 19
8ᵉ Tableau suivi d'une morale	19
9ᵉ Tableau suivi d'une morale	20 et 21
10ᵉ Tableau suivi d'une morale	22 et 23
11ᵉ Tableau, irrégularités	24
Aimez vos parents (X)	25
La Guenon, le singe et la noix (FLORIAN)	26
La Cigale et la Fourmi (LA FONTAINE)	27
La Rose et le melon (L. RATISBONNE)	28
Le petit Soldat (V. DE LA PRADE)	29
Conseils (X.)	30

Frères et Sœurs

www.ingramcontent.com/pod-product-compliance
Lightning Source LLC
Chambersburg PA
CBHW060709050426
42451CB00010B/1345